AF466409

LES JOURNALISTES

DEVANT

LE CONSEIL D'ÉTAT

PAR

ÉDOUARD LAFERRIÈRE

Avocat

PARIS

VEUVE JOUBERT, LIBRAIRE-ÉDITEUR

Rue des Grès, 18

1865

Paris. — Imprimé par E. Thunot et Cie, rue Racine, 26.

Le régime administratif auquel la presse est soumise depuis 1852 semble échapper, par sa nature même, à tout contrôle de la critique juridique. — L'article 32 du décret organique n'a guère eu jusqu'ici d'autres commentateurs que MM. les ministres, d'autres commentaires qu'un certain nombre de circulaires adressées à MM. les préfets, ou plutôt une seule et même circulaire revêtue d'un nom différent à chaque changement de portefeuille. Quant aux interprètes ordinaires des lois, jurisconsultes ou magistrats, hommes de science ou de pratique, ils se sont tus, voyant bien que l'on n'avait que faire de leurs lumières.

A quoi bon, a-t-on dit souvent, disserter sur le *droit* lorsqu'on est en présence d'un pouvoir discrétionnaire, dictatorial, arbitraire?... C'est M. de Persigny lui-même qui qualifie de la sorte le pouvoir dont émanent les avertissements ; et quel juge plus compétent, quel administrateur mieux rompu à la pratique de l'article 32 pouvait confirmer par une déclaration plus autorisée ce que ses actes avaient déjà si bien fait comprendre? — Si tel est ce pouvoir, c'est l'homme d'État, le législateur qui doit parler, et non le jurisconsulte. On ne raisonne pas avec la dictature, on obéit ; quand on a déplu et que l'on est gourmandé, on s'incline, et si l'on est sage, on tâche de mieux plaire à l'avenir. La loi vous pèse, dites-vous : faites des vœux pour qu'elle soit abrogée, sollicitez par une pétition la libérale initiative du Sénat; mais tant qu'elle existe, sachez la subir : ce n'est pas par des dissertations de droit que vous changerez la nature du pouvoir discrétionnaire.

Cela est vrai, et l'on ne peut dire que tout soit faux et déraisonnable dans ces réflexions un peu chagrines que font une foule d'honnêtes gens. Mais que ce découragement et l'inaction qui s'ensuit soient en tous points justifiés, j'avoue que j'ai quelque peine à l'admettre. Sans doute, l'administration est armée, à l'égard de la presse, d'un pouvoir quasi-dictatorial, mais il ne faut pas oublier que ce pouvoir est soumis à certaines règles, et que ses actes peuvent, dans nombre de cas, être déférés à d'autres juges qu'à l'opinion publique. Au-dessus du ministre et du préfet qui avertit ou suspend, il y a la loi et le conseil d'État : loi peu propice à l'écrivain, cela est vrai; tribunal peu favorable aux recours contre les actes de la haute administration, nous en convenons; mais loi et tribunal, en définitive, c'est-à-dire moyen de discussion, de débat, de contrôle, ou tout au moins de protestation et de résistance morale, toutes choses qui valent infiniment mieux, pour les franchises de la pensée et pour la dignité de l'écrivain, qu'une muette résignation aux censures administratives.

Combien d'arrêtés ministériels ou préfectoraux portant avertissement ou suspension ont été déférés au conseil d'Etat? Le nombre en est presque imperceptible. *Le Courrier du dimanche* a fait annuler, il y a quelques mois, un arrêté de M. le ministre de l'intérieur qui le frappait d'une suspension illégale; un avertissement infligé à *la Gazette de France* est en ce moment déféré au conseil d'État; cela est d'un bon exemple; mais, d'un autre côté, combien de décisions de ce genre, surtout dans les départements, devaient être déférées à la juridiction supérieure qui ont été silencieusement enregistrées par ceux qui les ont subies!

Mais, dira quelqu'un, vous conseillez le recours au conseil d'État contre les abus du droit d'avertissement ; êtes-vous sûr seulement que ce recours soit légalement recevable? Et s'il est recevable, pouvez-vous dire dans quel cas il peut être accueilli, quelles illégalités, quel excès de pouvoir peuvent faire annuler un avertissement?

Ces questions sont précisément celles que je me propose d'examiner dans les pages suivantes, en me renfermant aussi rigoureusement que possible sur le terrain de l'interprétation juridique.

Un mot d'abord sur la nature et la forme de l'avertissement.

On l'a dit souvent, l'avertissement ne constitue pas, à proprement parler, une pénalité : c'est une censure, un blâme, qui, deux fois encouru, met le journal en passe d'être puni, c'est-à-dire suspendu par décision ministérielle. Il semble donc, si l'on se place exclusivement à ce point de vue et si l'on ne voit dans l'avertissement qu'une réprimande d'un censeur tout-puissant, que ces sortes de décisions doivent échapper d'une manière absolue au contrôle du conseil d'État, et qu'elles peuvent se produire sous une forme quelconque, voire celle d'une lettre d'avis, sans être astreintes aux formes ordinaires des arrêtés administratifs.

Telle a du moins été l'opinion de deux préfets à qui la presse doit les premières applications du décret du 17 février 1852. Ces fonctionnaires ont pensé que la forme de l'avertissement était chose indifférente, et qu'un journal était suffisamment préparé à la suspension par un petit billet dans le style de celui-ci (1) :

---

(1) Les avertissements que nous citons dans le cours de cette étude sont empruntés à l'intéressant recueil de M. Léon Vingtain (*De la liberté de la presse*, Michel Levy, 1860). Cela explique pourquoi nos exemples, sauf un seul, sont tous tirés de la période 1852 à 1860. — Mais je serais bien surpris que la période 1860-1865 ne fût pas aussi riche que la précédente. — Espérons que M. Léon Vingtain nous la fera bientôt connaître.

Lille, 10 avril 1852.

Monsieur le gérant,

Les numeros de votre journal des 2, 5 et 7 avril contiennent une critique acerbe et violente du décret du 29 mars 1852, sur les sucres. Ces articles n'ont pas pour but l'examen sincere de ce décret pour en faire ressortir les inconvenients et les avantages au point de vue de l'industrie ; ils sont inspirés par un esprit dont la malveillance calculée excite les citoyens à la desaffection du prince-président de la République, en lui attribuant des idees hostiles aux intérêts de l'agriculture et de l'industrie sucriere qu'il a toujours si ouvertement couvertes de sa sollicitude et de sa protection.

Le devoir de l'administration est de protéger la presse contre ses propres excès, et je ne laisserai point votre journal s'engager dans une voie de nature à égarer l'opinion publique.

Conformément à l'article 32 de la loi organique sur la presse, je vous donne un premier avertissement.

Agréez, Monsieur le gérant, l'assurance de ma considération distinguee.

Le préfet du Nord,
BESSON.

A M. le gérant du journal *le Réformiste*, à Douai.

Presque à la même époque, le 28 mars 1852, M. le préfet de la Mayenne inaugurait une autre formule, plus solennelle, mais non moins fantastique que la précédente :

Nous, préfet de la Mayenne,

Vu le décret organique sur la presse...;

Vu le premier article sous la rubrique de Laval...;

Considérant. .;

Invitons, à titre de premier avertissement, conformement au troisième paragraphe de l'article 32 de la loi du 17 février 1852, le sieur Lemoine, gérant du journal *l'Indépendant de l'Ouest*, à se renfermer à l'avenir dans les limites de discussion autorisées par les lois sur la presse.

Fait à Laval, à l'hôtel de la préfecture, le dimanche 28 mars 1852.

Le préfet de la Mayenne,
N. DE LUÇAY.

On ne sait trop quelles formes variées l'avertissement aurait successivement revêtues sous la plume de MM. les préfets, si l'administration supérieure, se faisant entendre à son tour par l'organe de M. de Maupas, alors ministre de la police générale, n'avait publié, le 9 avril suivant, un avertissement-modèle qui réunissait le double avantage d'apprendre au journal *la Presse* dans quel style il devait écrire, et à MM. les préfets dans quelle forme ils devaient avertir. Cette forme était celle des arrêtés et décisions administratives ordinaires, et dès lors elle a été constamment observée.

Au surplus, la forme importe peu, et la seule chose qu'il soit utile de retenir, c'est que l'avertissement est une décision administrative, émanant du pouvoir discrétionnaire du ministre ou du préfet (1).

Or il est constant, d'une part, que toutes les décisions administratives, alors même qu'elles n'ont aucun caractère contentieux et qu'elles émanent du pouvoir discrétionnaire, peuvent toujours être directement déférées au conseil d'État, 1° pour incompétence; 2° pour excès de pouvoir. Il est certain, d'autre part, que les avertissements n'ont été soustraits par aucune loi spéciale à l'application de ce principe fondamental en droit administratif, d'où il suit manifestement qu'ils restent soumis à ce principe, et que le conseil d'État

---

(1) Nous parlons du pouvoir discrétionnaire dans le sens vraiment juridique du mot. — On distingue en effet, en droit administratif, les décisions rendues en matière contentieuse et celles qui émanent du pouvoir discrétionnaire de l'administrateur.

Cette distinction a un grand interêt au point de vue du droit de recours. — Les décisions rendues en matière contentieuse peuvent être soumises au contrôle du conseil d'Etat tant pour le fond que pour la forme ; mais si elles émanent d'un préfet, elles doivent être préalablement soumises au ministre. — Au contraire, les décisions qui tiennent du pouvoir discretionnaire de l'administrateur ne peuvent être deférées au conseil d'Etat que pour incompétence ou excès de pouvoir. Dans ce cas, le recours au conseil d'État s'opère directement, *omisso medio*, disent les jurisconsultes, et sans appel au ministre. — Bien que l'analogie ne soit pas complète sur tous les points, on peut dire d'une manière générale que le conseil d'État connaît des décisions contentieuses comme *tribunal d'appel*, et des décisions discrétionnaires comme *Cour de cassation*.

a le droit de les annuler pour incompétence et pour excès de pouvoir.

Nous ne nous arrêterons pas au recours pour incompétence. Nous pourrions peut-être nous demander jusqu'à quel point les préfets ont le droit d'avertir : le décret du 17 février 1852 réserve au ministre seul le droit de prononcer la suspension, et comme l'avertissement est intimement lié à cette mesure dont il est la préface obligée, on pourrait soutenir, dans le silence de l'article 32, qu'il doit émaner de la même autorité, c'est-à-dire du ministre.

On sait d'ailleurs que telle a été pendant quelque temps la pratique administrative, notamment sous le ministère de M. Delangle. Nous n'hésitons pas, quant à nous, à préférer ce système à celui qui nous régit. La pratique actuelle a le grand inconvénient de créer entre la presse parisienne et celle des départements une distinction arbitraire, et tout au détriment de cette dernière. Elle prive les journaux de province des garanties que peuvent faire espérer la modération, les lumières du ministre de l'intérieur, et elle les livre sans défense à la discrétion de préfets souvent bien oublieux de la recommandation que M. de Talleyrand adressait à leurs prédécesseurs. Cette pratique a encore un inconvénient, elle n'est pas logique ; car, de deux choses l'une : ou bien les avertissements sont des décisions de même nature que les arrêtés de suspension, dont ils ne diffèrent que par la gravité des résultats, et alors le ministre de l'intérieur, qui seul a le droit de suspendre, doit seul aussi prononcer l'avertissement; ou bien les avertissements ne sont qu'une mesure de police rentrant dans les attributions préfectorales, et alors c'est le préfet de police qui doit avertir la presse parisienne, et non le ministre de l'intérieur.

Cependant, comme la loi est muette, nous reconnaissons que le système actuel peut légalement se soutenir sur le seul appui de circulaires ministérielles, tout en regrettant que les errements de M. Delangle n'aient pas été suivis par l'administration.

Attachons-nous surtout au recours pour excès de pouvoir : les applications ne nous feront pas défaut.

Ce recours trouvera son point d'appui le plus solide dans une prescription qui est comme perdue dans l'article 32, § 3, du décret organique, et qui semble même, ainsi qu'on en jugera tout à l'heure, avoir complétement échappé à deux ministres et à plusieurs préfets. Cette prescription est celle qui impose à l'administration l'obligation de *motiver* ses avertissements.

Le texte est net et formel à cet égard: « Un journal peut être suspendu par décision ministérielle... après deux avertissements *motivés.* » Si donc l'avertissement n'est pas motivé, si les causes de la réprimande ne sont pas exprimées dans le corps même de la décision, cette décision est irrégulière, et ne peut valoir comme préliminaire d'un arrêté de suspension.

Le droit d'avertir ne se sépare pas du droit de motiver l'avertissement. Si un ministre ou un préfet avertit sans expliquer pourquoi, il excède son droit, et commet un excès de pouvoir qui doit entraîner l'annulation de son arrêté.

Il ne nous semble pas possible d'élever sur ce premier point de difficulté sérieuse, et, sans y insister davantage, nous signalons immédiatement à titre d'exemple, comme non motivées et, par suite, illégales et entachées d'excès de pouvoir, les quatre décisions suivantes :

I.

Nous, ministre de l'interieur ;

Vu l'article 32 du decret organique sur la presse, du 17 février 1852 ;

Vu l'article publié par le journal *l'Européen*, dans son numéro du 31 mars, commençant par ces mots : « on s'est beaucoup entretenu d'une brochure » et finissant par ceux-ci : « resterait la possibilité de l'execution ; »

Sur la proposition du directeur de la sûreté générale;

Arrêtons :

Art, 1. Un premier avertissement est donné au journal *l'Européen*, dans la personne de.....

Paris, le 1er avril 1854.

Le ministre de l'intérieur,
F. de Persigny

II.

Nous, ministre de l'intérieur ;

Vu l'article 32 du décret organique sur la presse, du 17 fevrier 1852 ;

Vu l'article publié par *l'Univers*, dans son numero du 26 courant, commençant par ces mots : « nous avons espéré jusqu'au dernier moment, » et signe Dulac ;

Sur la proposition du directeur géneral de la sûreté publique ;

Arrêtons :

Art. 1. Un avertissement est donne à *l'Univers*, dans la personne de.....

Fait à Paris, le 26 mars 1857.

Le ministre de l'intérieur,
BILLAULT.

III.

Nous, préfet du Nord, commandeur de la Légion d'honneur et de l'ordre de Charles III d'Espagne ;

Vu les articles publiés dans le journal *l'Indicateur du Nord* dans les numéros des 4 et 11 de ce mois ;

Arrêtons :

Art. 1. Un premier avertissement est donné à *l'Indicateur du Nord*, dans la personne de.....

Fait à Lille, le 13 octobre 1852.

Le préfet du Nord,
BESSON.

IV.

Nous, préfet du Pas-de-Calais, officier de l'ordre impérial de la Légion d'honneur ;

Vu l'article 32 du décret du 17 février 1852 ;

Vu l'article inséré dans le n° 104 du journal *le Progrès du Pas-de-Calais*, sous la date du 2 mai 1855, commençant par ces mots « intolérance religieuse ; à Monseigneur Parisis, évêque d'Arras, » et finissant par ceux-ci : « *et nunc erudimini qui judicatis terram ;* »

Arrêtons :

Art. 1. Un second avertissement est donné au journal *le Progrès du Pas-de-Calais*, dans la personne de....

Fait à Arras, le 3 mai 1855.

Le préfet du Pas-de-Calais,
L. DE TANLAY.

Il n'est pas à notre connaissance que *l'Européen*, *l'Univers*, *l'Indicateur du Nord* ou *le Progrès du Pas-de-Calais* aient déféré au conseil d'État aucun des arrêtés qui précèdent, et pourtant il nous semble qu'un pareil recours en aurait inévitablement entraîné l'annulation.

On ne saurait, en effet, soutenir que le visa d'un texte, et l'indication par première et dernière phrase de l'article censuré, puissent constituer les *motifs* d'un avertissement. Ce n'est pas là ce qu'on entend par décision motivée. — Que penserait-on d'un jugement qui, ayant à statuer sur un délit de presse, se bornerait à citer la loi qui punit, et le journal incriminé, sans expliquer pourquoi ce journal tombe sous l'application de la loi et sans établir en fait l'existence du délit? Serait-ce un jugement motivé ? Il est de toute évidence qu'une pareille décision, s'il était possible qu'elle fût maintenue en dernier ressort, serait brisée comme verre par la Cour de cassation. — Ce n'est pas là une question de droit ; c'est à vrai dire une question de sens commun.

L'avertissement est donc vicieux en la forme, il est entaché d'excès de pouvoir s'il ne contient pas, indépendamment du visa des textes, une *appréciation sommaire* de l'article censuré.

Mais cela suffit-il, et le vœu de la loi est-il rempli au moyen d'une *appréciation quelconque* de l'article ? Suffirait-il, par exemple, pour rendre un avertissement inattaquable, de le motiver en ces termes :

« Attendu que tel article déplaît à M. le préfet... »

Ou bien : « Considérant qu'il renferme des incorrections grammaticales... »?

Nous ne le pensons pas. Pour que la décision soit régulière, il faut en outre que cette appréciation sommaire soit *de nature à motiver une menace de suspension*. Le conseil d'État, bien que sans qualité pour vérifier en *fait* si l'appréciation est exacte, a le droit de juger en *équité*, en *raison*, si une menace de suspension doit s'ensuivre. Le conseil d'État, saisi d'un recours contre un avertissement, a les mêmes pouvoirs que la Cour de cassation lorsqu'elle est saisie d'un pourvoi pour défaut de motifs : de même que la Cour suprême peut casser pour défaut de motifs un arrêt motivé en la forme, mais qui ne porte pas dans ses considérants *une justification suffisante de son dispositif*, de même le conseil d'État peut annuler comme non motivé, et par suite comme entaché d'excès de pouvoir, un avertissement dont le dispositif n'est pas suffisamment éclairé par les motifs, soit parce que ces motifs choquent la raison ou l'équité, soit parce qu'ils contiennent des erreurs matérielles dont la rectification détruirait la base même de la décision. Et notez bien qu'une pareille doctrine se concilie à merveille avec le principe que nous avons tout d'abord reconnu, et d'après lequel l'avertissement est un acte de pouvoir discrétionnaire. — Ce serait, assurément, porter atteinte à ce principe que de soumettre au conseil d'État le texte de l'article averti, et de venir plaider devant lui que cet article n'a pas été sainement apprécié par le ministre ou le préfet ; mais tant que l'on se borne à soumettre au conseil les motifs de l'avertissement, pris isolément, en dehors de l'écrit auquel ils se réfèrent, à examiner s'ils sont sérieux, raisonnables, s'ils justifient une censure, une menace de suspension ; si l'on borne là le contrôle, on ne porte pas atteinte au pouvoir discrétionnaire ; on le respecte par cela seul qu'on ne conteste pas *en fait* l'exactitude de l'appréciation ; et l'on ne fait que se mettre en garde contre les excès de pouvoir, que tenir la main à l'exécution de l'article 32, § 3, qui exige que les avertissements soient motivés, c'est-à-dire motivés *au fond* aussi bien qu'*en la forme*.

Et d'ailleurs si ce droit de contrôle était absolument refusé au conseil d'État, dans quel but l'article 32 du décret organique aurait-il exigé que l'avertissement fût motivé ? A quoi bon ces motifs s'ils peuvent être impunément faux et dérisoires ? Pourquoi les exiger s'ils ne doivent servir qu'à mieux mettre en lumière l'excès de zèle ou la passion qui a pu égarer la plume d'un administrateur ? Refuser au conseil d'État ce contrôle, c'est proclamer l'inutilité, le non-sens d'une disposition législative, c'est à dire que le mot *motivé* n'est dans l'article 32 qu'un *lapsus*, échappé à l'étourderie du législateur. Mais cet esprit d'inconséquence ne se présume pas : nous sommes loin, assurément, de regarder le décret du 17 février comme un chef-d'œuvre de rédaction, plus loin encore de le défendre comme un modèle de législation sur la presse; mais nous persistons à croire, jusqu'à preuve contraire, que ses rédacteurs se sont rendu compte de la valeur des mots qu'ils ont employés.

Enfin nons revendiquons pour le conseil d'État le libre exercice de ce droit général de contrôle et de haute surveillance qui lui appartient sur tous les actes de l'administration : « Le conseil d'État dit un écrivain dont le nom fait autorité en droit administratif, exerce sur tous les actes des fonctionnaires publics une attribution régulatrice en cas d'incompétence ou d'excès de pouvoir. C'est lui qui représente en ce qu'elle a de grand et de vraiment utile la centralisation administrative, et qui se sert de cet instrument si puissant des temps modernes pour faire pénétrer partout les règles d'une bonne gestion et le sentiment du devoir (1). »

Tels sont les pouvoirs d'appréciation qui appartiennent au conseil d'État comme sanction de l'obligation imposée aux administrateurs de *motiver* leurs avertissements. Essayons maintenant, au moyen de quelques exemples, d'appliquer les principes que nous venons de poser.

Nous avons dit d'une manière générale que le texte de l'avertissement devait renfermer une appréciation sommaire de l'article, et que cette appréciation devait justifier la censure infligée au journal. — Il serait imprudent de vouloir davantage préciser la formule, et de chercher à déterminer *à priori* quels motifs sont suffi-

(1) F. Laferrière, *Cours de droit public et administratif*, 5e édit., t. I, p. 179.

sants, quels autres ne le sont pas. Le conseil d'État exercera évidemment sur ce point un pouvoir très-large d'appréciation. — Mais s'il est difficile, impossible même de tracer une ligne de démarcation entre les avertissements bien motivés et ceux qui ne portent point en eux-mêmes leur justification, il est aisé du moins de signaler les points extrêmes et de rappeler quelques décisions où l'on remarque une choquante insuffisance de motif. Que penser, par exemple, de l'avertissement suivant :

Nous, préfet des Côtes-du-Nord,

Vu le décret organique... ;

Vu l'article inséré dans le journal de l'arrondissement de Loudeac ;

Considérant que la polemique ouverte dans ce journal au sujet des engrais industriels est de nature à infirmer la valeur et les résultats des mesures de vérification prises par l'administration ; qu'elle ne peut porter que l'indécision dans l'esprit des acheteurs, et nuire ainsi considerablement à l'agriculture en la détournant d'employer une substance dont les excellents effets, lorsqu'elle est de bonne qualité, ne sont pas contestables ;

Arrêtons :

Art. 1. Un premier avertissement est donné au journal de l'arrondissement de Loudéac.. ..

Saint-Brieuc, le 29 mai 1854.

Le préfet des Côtes-du-Nord,
RIVAUD DE LA RAFFINIERE.

Si le journal de Loudéac s'était pourvu contre cette notable décision, pensez-vous que le conseil d'État l'eût maintenue comme suffisamment motivée ? — Pour moi, j'ai peine à croire qu'il eût approuvé cette compétence exceptionnelle que M. le préfet des Côtes-du-Nord s'arrogeait en matière d'engrais ; et en admettant même que cette compétence fût réelle, que la substance patronée par cet administrateur dût par cela seul être déclarée supérieure à tous les produits rivaux, je doute encore que le conseil d'État eût trouvé juste, équitable, d'avertir un journal pour avoir mis en doute les qualités fécondantes de l'engrais officiel.

On s'est égayé de cette décision, et l'on a eu raison ; mais on pourrait aussi s'en affliger en songeant que pour suspendre un journal, pour fermer l'imprimerie, pour ruiner une industrie honorable et mettre sans ouvrage les ouvriers qu'elle occupe, il suffira de frapper une seconde fois avec les mêmes armes, et d'ajouter à cet arrêté une autre décision telle que la suivante :

Nous, conseiller d'État, préfet de la Loire-Inférieure, commandeur de l'ordre impérial de la Légion d'honneur ;

Vu l'article 32....;

Vu l'article contenu dans le journal *le Phare de la Loire*...;

Ledit article rendant compte de la séance impériale d'ouverture de la session, et dans lequel on lit : « L'Empereur a prononcé ensuite le discours que nous avons publié, et qui, d'apres l'agence Havas, a provoqué à plusieurs reprises les cris de Vive l'Empereur ! Vive l'Impéretrice ! Vive le prince Impérial !

Considérant que cette forme dubitative est inconvenante en présence de l'enthousiasme si éclatant, que les paroles de l'Empereur ont inspiré à tous les grands corps de l'Etat et à tous les bons citoyens, et devient plus blâmable encore dans les circonstances presentes ;

Arrêtons :

Art. 1. Un avertissement est donné au journal *le Phare de la Loire*.....

Fait à Nantes, le 25 janvier 1857.

Pour le conseiller d'État, préfet de la Loire-Inférieure, empêché.

Le secrétaire général délégué,
Baron de Girardot.

Quelle susceptibilité ! Sans doute l'administration peut légalement exercer son droit de censure si un journal manque de respect envers le souverain; mais était-ce bien là le cas ? Les rédacteurs du *Phare de la Loire* n'assistaient probablement pas à la séance impériale ; ils n'ont pas pu être par eux-mêmes témoins de l'enthousiasme de l'auditoire ; s'ils ont su que de nombreux vivat avaient accueilli le discours du trône, c'est qu'on le leur a dit, et dès lors quel mal y a-t-il à indiquer qu'ils l'ont appris par l'agence Havas ? — M. le baron de Girardot affirme que cette forme dubitative est inconvenante, mais le conseil d'État aurait certainement le droit de dire qu'il n'y a rien là d'inconvenant ni même de dubitatif, et d'annuler l'avertissement ainsi destitué de son motif unique.

On pourrait aussi demander au conseil d'État si un avertissement est suffisamment motivé par cette seule raison que le journal a discuté un communiqué ou protesté contre une précédente censure. La question ne fait pas de doute en jurisprudence administrative. Il est de principe, au ministère de l'intérieur et dans les préfectures, que l'administration doit toujours avoir le dernier mot, et que l'on ne peut le lui disputer sans encourir les sévérités de la loi. Mais cette rigueur est-elle bien de saison ? Ne jure-t-elle point un peu avec les idées de notre temps et nos habitudes d'esprit? Autrefois, en Sorbonne, les docteurs coupaient court à toute controverse en s'écriant, le doigt sur un texte d'Aristote : « *Magister dixit...* » A cette époque on ne prétendait point à la libre discussion, et cet argument ne surprenait personne; mais aujourd'hui, quelques-uns s'en étonnent et murmurent tout bas que les avertissements ne sont pas des raisons, que l'administration doit bien souvent avoir tort, puisque si souvent elle frappe alors qu'il faudrait convaincre, et que ses assertions doivent être choses bien fragiles, pour que l'on ne puisse y toucher. On dit aussi, mais plus bas encore, qu'il ne faut pas trop humilier, aux yeux de l'étranger, ceux qui tiennent la plume dans notre pays, que le caractère national tout entier en souffre, que c'est soumettre un journal à une discipline trop militaire que de l'avertir ou de le suspendre sans autre raison que celle-ci :

« Considérant que l'article précité est une protestation contre le premier avertissement donné au journal *la France centrale* (1)...;

» Arrête : Un second avertissement est donné... »

Cela, dit-on, rappelle un peu trop les formules de caserne et d'école : « Vous répliquez..., je double la peine. »

---

(1) Deuxième avertissement donné au journal *la France centrale*, le 12 décembre 1859, par M. de Soubeyran, préfet de Loir-et-Cher.

On se laisse aller malgré soi à comparer le journaliste au pauvre Sosie battu par Mercure :

SOSIE.

Justice, citoyens ! au secours, je vous prie !

MERCURE.

Comment, bourreau, tu fais des cris !

SOSIE.

De mille coups tu me meurtris,
Et tu ne veux pas que je crie !

(AMPHITRYON, acte I, sc. 2.)

Finalement, on trouve que cela ne profite guère à la vérité, et ne fait pas bien comprendre au public de quel côté sont les torts :

MERCURE.

Hé bien ! es-tu Sosie, à présent, qu'en dis-tu ?

SOSIE.

Tes coups n'ont point en moi fait de metamorphose,
Et tout le changement que je trouve à la chose,
C'est d'être Sosie battu.

(*Id.*)

Quoi qu'il en soit des raisons qui portent l'administration à affirmer son infaillibilité, et quelques libres penseurs à la mettre en doute, je me réjouis de voir que le conseil d'État est appelé à vider entre eux la querelle, et j'attends respectueusement son arrêt (1).

On doit assimiler à l'avertissement non motivé celui qui repose uniquement sur des *erreurs de droit*, pourvu que le conseil d'État puisse rectifier ces erreurs sans détruire l'appréciation *de fait* à

(1) Cette question est une de celles que soulève le pourvoi formé devant le conseil d'État, par *la Gazette de France*, à l'occasion de l'avertissement examiné ci-après.

laquelle l'article est soumis. Ces erreurs étant reconnues, les considérants qu'elles soutenaient sont comme non avenus, et la décision devient annulable pour défaut de motifs.

Nous trouvons une application remarquable et toute récente de ce recours dans un avertissement infligé, le 8 octobre 1865, à *la Gazette de France*. En voici le texte :

Le ministre secrétaire d'État au département de l'intérieur ;

Vu les observations dont *la Gazette de France* fait suivre l'avertissement qu'elle a reçu et qu'elle a publié dans son numéro du 7 octobre ;

Considérant que si le gouvernement autorise la discussion des communiqués, à la condition qu'elle demeurera dans les bornes d'une sérieuse et loyale polémique, il ne saurait accorder une pareille immunité à l'occasion des avertissements qui ont et doivent conserver autorité de chose jugée ;

Vu l'article 32 du décret organique..... ;

Arrête :

Art. 1. Un deuxième avertissement est donné au journal *la Gazette de France*, en la personne de......

Paris, le 8 octobre 1865.

Le ministre de l'intérieur.
DE LAVALETTE.

Toutes les observations qui viennent d'être présentées sur les avertissements motivés par la discussion d'un avertissement antérieur, sont évidemment applicables à cette décision ; mais elle nous semble surtout annulable pour absence complète de motifs, s'il est vrai qu'un motif faux en droit doive être non avenu.

L'unique considérant de cette décision repose en effet sur des erreurs manifestes et faciles à réfuter. M. le ministre de l'intérieur énonce les propositions suivantes :

« Le gouvernement permet que l'on discute les communiqués, pourvu que ce soit d'une manière sérieuse et loyale ; mais il ne permet pas que l'on discute les avertissements, même d'une manière sérieuse et loyale.

« — Pourquoi cela ?

« — Parce que les avertissements *ont et doivent conserver autorité de chose jugée,* et que les décisions passées en force de chose jugée ne peuvent être l'objet d'aucune discussion, quelque sérieuse et loyale qu'elle soit. »

A cela nous répondrons : 1° Il n'est pas vrai que les avertissements aient et doivent conserver l'autorité de la chose jugée : ils ne l'ont jamais eue et ne peuvent pas l'avoir.

2° Il n'est pas vrai que les décisions ayant autorité de chose jugée ne puissent être discutées d'une manière sérieuse et loyale.

Que l'on nous pardonne de prendre ici un ton aussi affirmatif; mais, en vérité, il nous est impossible de ne pas repousser avec énergie cette incursion de M. le ministre de l'intérieur sur le domaine du droit, incursion téméraire, car cette haute notion de la chose jugée dont M. le ministre a voulu s'emparer pour en faire la base de son arrêté, il ne peut la retenir, elle lui échappe et elle écrase de tout son poids sa fragile décision. — Comment, en effet, l'autorité de la chose jugée pourrait-elle s'attacher à une décision émanée du pouvoir discrétionnaire? N'y a-t-il pas quelque chose de choquant dans le seul rapprochement de ces deux idées? — La première condition pour que cette autorité prenne naissance, c'est qu'il y ait un juge, et je ne vois ici qu'un censeur. — Sans doute, dans certains cas, les arrêtés ministériels et préfectoraux peuvent avoir l'autorité de chose jugée, mais à la condition d'être rendus *en matière contentieuse,* sur des intérêts qui sont légalement déférés à la juridiction administrative, sur des prétentions dont le ministre ou le préfet, seul ou assisté du conseil de préfecture, sont constitués juges par le législateur, à la condition surtout d'être soustraits, par l'expiration des délais d'appel, à la juridiction supérieure du conseil d'État. Mais quoi de semblable ici? Qu'y a-t-il de commun entre ce pouvoir judiciaire dont l'administration est investie dans une certaine mesure en matière contentieuse, et ce pouvoir discrétionnaire en vertu duquel elle avertit ou suspend des journaux? — Et puis n'oublions pas que nous sommes ici en matière criminelle : la suspension est une peine, l'avertissement une déchéance préparatoire qui ouvre accès à la pénalité. Si vous voulez que vos censures administratives aient cette autorité redoutable de la chose jugée, sachez à quel prix l'obtiennent les jugements de nos tribunaux criminels; rappelez-vous, sans parler ni du droit d'appel et de cassation, ni du nombre des juges et de leur inamovibilité, ni des formes de l'instruction, ni de la publicité des débats et de tant d'autres garanties qui entourent l'œuvre des magistrats, rappelez-vous qu'on ne peut condamner sans entendre, que les jugements de défaut et les arrêts de contumace n'ont pas par eux-mêmes l'autorité de la chose jugée; que ces décisions prononcées publiquement, après instruction, tombent d'elles-mêmes quand le prévenu se représente; qu'il faut alors en sa présence, contradictoirement avec lui, interroger, instruire, débattre et juger de nouveau, et qu'alors seulement une peine peut être définitivement prononcée, sauf cassation, si les formes protectrices de la procédure n'ont pas été observées. Voilà à quelle condition s'acquiert l'autorité de la chose jugée : et si vous n'avez rempli aucune de ces conditions, si vous avez frappé sans prévenir, sans interroger, sans vouloir entendre, par quelle hardiesse prétendez-vous usurper pour vos décisions une consécration qui n'est due qu'à l'œuvre de la justice?

Mais admettons même que cette usurpation puisse être justifiée; malgré cette étonnante concession, la décision de M. le ministre de l'intérieur n'en sera pas plus solidement motivée, car elle aura pour base cette autre proposition non moins inexacte que la précédente, savoir que les décisions passées en force de chose jugée *ne peuvent pas être discutées.* — Voilà certes une prohibition nouvelle et bien faite pour dérouter toutes les idées reçues en pareille matière. — On admet universellement depuis plus de deux mille ans que la chose jugée n'a d'autre effet que d'assurer l'exécution d'une décision judiciaire, d'empêcher qu'une contestation jugée en dernier ressort ne soit ranimée de manière à engendrer un nombre infini de procès.

Les législateurs de tous les pays civilisés ont consacré comme une nécessité sociale la présomption de vérité qui s'attache aux décisions régulièrement rendues par les juges compétents ; ils se sont transmis d'âge en âge la maxime d'Ulpien *res judicata pro veritate habetur* ; ils ont interdit que l'on interrogeât de nouveau la justice quand elle avait une fois répondu, parce qu'ils ont voulu que tout procès reçût une solution définitive, et parce que d'ailleurs une troisième ou une vingtième décision n'offre pas à la vérité plus de garanties que la première, lorsque, dès le début, toutes les précautions ont été prises contre l'erreur. Voilà la raison d'être de l'autorité de la chose jugée et de la soumission qu'elle commande ; mais autre chose est cette soumission, autre chose le respect aveugle, irréfléchi qu'une puissance infaillible pourrait seule réclamer : on ne doit à la chose jugée que l'obéissance, non la foi que revendique le dogme ; on peut toujours discuter, critiquer, réfuter les arrêts de la justice, pourvu qu'on les exécute. C'est par ces discussions que la jurisprudence s'éclaire et que l'amélioration des lois se prépare. Et pourtant voici que l'on prétend interdire d'une manière absolue cette discussion et ce contrôle, proscrire comme séditieuse l'indépendance du jurisconsulte ! Ce n'est pas la première fois que l'administration énonce une semblable prétention : nous la trouvons exprimée dans un avertissement que M. Billault infligeait, le 29 mars 1856, à *l'Assemblée nationale*, pour le motif suivant.

« Considérant que *l'Assemblée nationale*, en attaquant dans cet article l'arrêt de la Cour de cassation sur le colportage des bulletins électoraux *porte atteinte à l'autorité de la chose jugée.* »

La théorie n'est donc pas nouvelle au ministère de l'intérieur, et ce n'est pas d'aujourd'hui que l'administration manifeste ce superbe dédain de l'idée juridique en proclamant je ne sais quelle incompatibilité entre le devoir d'exécuter les arrêts et le droit de les discuter. — La Cour de cassation serait la première à protester contre cet étrange principe ; elle ne voudrait pas que le silence se fît autour de ses arrêts et que toute discussion « sérieuse et loyale » en fût interdite : elle sait d'ailleurs que les graves questions qui lui sont soumises ne peuvent être exclues par elle du champ de la controverse; que ses arrêts ne sont pour le jurisconsulte que des avis, imposants sans doute, mais non définitifs; qu'elle-même enfin peut revenir sur sa jurisprudence, modifier ses doctrines, sans affaiblir l'autorité légale de ses décisions, sans même en affaiblir l'autorité morale, car la science du droit n'est pas plus que les autres à l'abri de l'incertitude, et l'homme est faillible même sous l'hermine.

Si donc les jugements de nos tribunaux et les arrêts de la Cour suprême peuvent être et sont effectivement tous les jours l'objet de vives polémiques, à quel titre une simple décision ministérielle prétendrait-elle éviter le contrôle d'une discussion sérieuse et loyale? Quelles garanties spéciales offre-t-elle contre l'erreur? Qu'est-ce que ce nouveau dogme de l'infaillibilité administrative?

Voilà pourtant les deux seuls motifs de cet avertissement dont le public s'est justement ému : écartez l'une après l'autre ces deux propositions toutes chargées d'erreur, que reste-t-il? — Un avertissement *sans motif* qui, nous l'espérons, ne triomphera point aisément du contrôle éclairé du conseil d'État.

L'absence des motifs, leur insuffisance ou l'erreur de droit qui les vicie ne sont pas les seules causes qui rendent un avertissement annulable pour excès de pouvoir. Le recours au conseil d'État sera également fondé lorsque ces motifs révéleront un empiètement du pouvoir administratif sur le pouvoir judiciaire, une usurpation des droits du juge par l'administrateur, en un mot une violation du principe de la séparation des pouvoirs.

On ne saurait nier en effet qu'une usurpation de cette nature ne constitue au premier chef l'excès de pouvoir que le conseil d'État a mission de réprimer. Si, par exemple, une décision administrative prononçait contre un citoyen soit une peine, soit une déchéance, soit un simple blâme en raison d'un délit prévu par la loi pénale et dont la connaissance appartient à l'autorité judiciaire, il n'est pas douteux que cette décision devrait être annulée pour excès de pouvoir. Les crimes, délits ou contraventions ne peuvent être légalement constatés que par les tribunaux institués pour les juger. Ces tribunaux ont seuls le droit non-seulement de les *punir*, mais encore de les *vérifier*, et de les *affirmer* après les avoir vérifiés. Les agents mêmes de la police judiciaire qui consignent dans des procès-verbaux les preuves matérielles des infractions, n'ont pas qualité pour donner au fait délictueux sa qualification définitive, et ils ne font que préparer pour le juge les éléments d'appréciation d'après lesquels il arrêtera cette qualification. Les préfets qui, dans certains cas, peuvent mettre en mouvement les officiers de police judiciaire et rechercher eux-mêmes les preuves d'un crime ou d'un délit (1), n'ont même pas ce droit de relever dans des procès-verbaux l'existence d'un délit ou d'une simple contravention. Ils sont à cet égard dans la situation des autres citoyens; leurs constatations n'ont que la valeur d'un témoignage personnel.

Si ces principes sont vrais (et il nous semble difficile de les mettre en doute), il s'ensuit nécessairement :

1° Que ni le ministre de l'intérieur ni les préfets n'ont le droit d'*affirmer* l'existence d'un délit et de faire de cette *affirmation* la base d'une décision administrative;

2° Et plus spécialement, que ni le ministre de l'intérieur ni les préfets n'ont le droit d'*affirmer* l'existence d'un délit de presse et de prendre cette affirmation pour base d'un avertissement.

Ils ne peuvent pas avertir en donnant à l'écrit censuré la qualification que la loi pénale donne à l'écrit délictueux, parce qu'ils n'ont pas qualité pour déclarer un citoyen coupable d'un délit de presse. Le droit d'appréciation que la loi leur confère sur les actes

(1) Code d'instruction criminelle, art. 10.

de l'écrivain finit là où commence celui du juge. Le ministre et les préfets peuvent dire que l'écrivain a été malveillant dans ses critiques, inconvenant dans sa polémique et avertir son journal, mais ils ne peuvent pas *affirmer* qu'il a commis un délit de presse, pas plus qu'ils ne peuvent *affirmer* qu'il a tué ou volé.

Il serait long et fastidieux de rapporter ici toutes les décisions qui ont été rendues au mépris de ces principes. D'ailleurs chacun se les rappelle; on sait combien de décisions ont été ainsi motivées :

« Considérant que cet article contient des outrages à la religion et à la morale publique. »

Ou bien : « qu'il excite les citoyens à la haine et au mépris du gouvernement. »

Ou encore : « que tel journal a publié de fausses nouvelles de nature à troubler la paix publique (1). »

Toutes ces décisions sont entachées d'excès de pouvoir, car elles *constatent*, elles *affirment* l'existence de délits de presse, ce que l'administration n'a pas le droit de faire.

L'outrage à la morale publique et religieuse, l'excitation à la

---

(1) Nous croyons cependant devoir donner une énumération approximative de ces décisions. Voici les différents delits dont les journaux ont été déclarés coupables par l'administration, pendant la période 1852-1860 :

1° ATTAQUES CONTRE LA CONSTITUTION
(décret du 11 août 1848, art. 1er).

2e Avertissement à *la Gazette de France*, 10 fevrier 1857.

2° ATTAQUES CONTRE LE RESPECT DU AUX LOIS
(loi du 29 juillet 1849, art. 3).

1er Avertissement à *l'Echo du Nord*, 30 avril 1855.
2e Avertissement au *Siècle*, 24 février 1857.
1er Avertissement à *la Foi bretonne*, 5 mai 1857.
1er Avertissement au *Correspondant*, 29 avril 1857.

haine et au mépris du gouvernement, la publication de fausses nouvelles sont des délits prévus et punis par les lois du 17 mai 1819, du 29 juillet, du 17 février 1852. Les tribunaux correctionnels sont seuls compétents pour en connaître ; ils ont seuls le droit d'en affirmer l'existence après débat contradictoire. Les ministres et les

---

1er Avertissement à *la Gironde*, 26 septembre 1858.
2e Avertissement à *l'Ami de la Religion*, 2 avril 1860.

3° ATTAQUES CONTRE LE PRINCIPE DE LA SOUVERAINETE NATIONALE
(decret du 11 août 1848, art. 1er).

1er Avertissement à *la Mode*, 25 fevrier 1853.
2e Avertissement à *l'Assemblée nationale*, 4 avril 1853.
1er Avertissement à *l'Émancipation de Cambrai*, 12 juillet 1854.
1er Avertissement à *la Gazette de France*, 11 janvier 1860.
Suspension de *l'Espérance du Peuple*, 31 mai 1859.
2e Avertissement à *l'Univers*, 11 juillet 1859

4° FAUSSES NOUVELLES
(décret du 17 février 1852, art 15).

1er Avertissement à *la Liberté* d'Arras, 12 septembre 1852.
1er Avertissement à *l'Union de l'Ouest*, 10 décembre 1852.
1er Avertissement à *la Gazette du Midi*, 29 janvier 1853.
1er Avertissement à *l'Estafette*, 11 août 1853.

2e Avertissement au *Moniteur du Loiret*, 22 septembre 1853
1er Avertissement à *la Gazette de Lyon*, 9 mars 1854.

5° EXCITATION A LA HAINE ET AU MÉPRIS DU GOUVERNEMENT
(décret du 11 août 1848, art. 4).

2e Avertissement à *la Foi bretonne*, 16 août 1853.

6° DIFFAMATION ENVERS UN DÉPOSITAIRE OU AGENT DE L'AUTORITÉ A L'OCCASION DE SES FONCTIONS
(loi du 17 mai 1819, art. 16).

1er Avertissement à *l'Estafette*, 11 août 1853.

préfets qui s'arrogent ce droit violent le principe de la séparation des pouvoirs. En vain dirait-on que le rôle du juge est de punir, d'appliquer la loi pénale, et que l'administration se borne à constater le fait sans prononcer la peine : nous répétons que cette distinction est impossible, que les tribunaux, chargés de réprimer les délits, sont seuls compétents pour en affirmer l'existence, que leur pouvoir comprend à la fois la vérification du fait et sa répression, que ces deux opérations sont inséparables, et que l'une et l'autre sont également interdites au pouvoir administratif.

Nous ajoutons que cette distinction, contraire à la loi, est encore profondément regrettable à un autre point de vue. On s'étonne que l'administration, c'est-à-dire le pouvoir exécutif, institué pour veiller à l'exécution des lois, soit la première à en éluder l'application. Il est bien vrai que la poursuite des délits appartient au ministère public et non aux fonctionnaires de l'ordre administratif, mais il n'existe pas entre eux une telle antipathie que le ministère public se refuse d'ordinaire à poursuivre la répression des délits qui lui sont signalés par l'administration. Si donc les tribunaux compétents ne sont pas saisis, c'est parce que l'administration préfère prononcer elle-même, substituer son appréciation à celle du juge, ses censures aux peines prononcées par la loi, et voici le singulier langage qu'elle tient aux citoyens, lorsqu'elle prononce un avertissement pour délit de presse : « Je viens, dit-elle, de découvrir un délit parfaitement caractérisé : la loi le punit, la justice doit en connaître ; mais je ne ferai pas part de ma découverte au ministère public, je ne provoquerai pas l'application de la loi : je me constituerai moi-même en tribunal, je priverai l'auteur de ce délit de toutes les garanties instituées par la loi ; je ne l'interrogerai pas, je n'écouterai pas ses observations, je réunirai en moi le quadruple rôle de juge d'instruction, de ministère public, d'avocat et de juge ; et pour compenser la perte de ces garanties, je frapperai moins sévèrement : au lieu d'infliger au coupable l'amende et la prison, je lui infligerai une simple censure. Il gagnera certainement au change, et j'y trouverai aussi mon profit en évitant le bruit et l'éclat d'un procès (1). »

Telle est la pensée que révèlent les avertissements prononcés pour délits de presse, après constatation et affirmation de ces délits par le ministre ou le préfet. Mais ce qui est plus fâcheux encore, c'est d'entendre certaines gens s'écrier : « J'approuve fort ces raisons; je ne vois pas pourquoi les journaux se plaindraient d'être avertis par un préfet au lieu d'être condamnés par un juge. » — A ceux-là il n'est point aisé de répondre; ils ne comprennent pas que l'on préfère un juge sévère à un maître indulgent, et ils tiennent pour bien fou ce loup du bon la Fontaine qui renonçait de gaieté de cœur à maints reliefs et franches lippées, plutôt que d'avoir le cou pelé ainsi que le chien son compère.

Ce sont là, d'ailleurs, questions de goût sur lesquelles le conseil d'État n'aurait pas à se prononcer. Il ne serait consulté que sur une violation du principe de la séparation des pouvoirs, et il nous semble que sur ce point sa décision serait facile à rendre.

On méconnaîtrait cependant notre pensée, et nous regretterions vivement une semblable méprise, si l'on voyait dans ces critiques un appel à de plus rigoureuses applications des lois répressives. Nous ne demandons point que l'on défère aux tribunaux toutes les infractions que les journaux peuvent commettre. Le silence de l'administration n'oblige nullement le ministère public à se faire entendre. Les magistrats du parquet sont maîtres des poursuites; ils peuvent, en présence des infractions les mieux constatées, s'abstenir de toute réquisition, lorsqu'ils ne sont pas suffisamment édifiés sur l'*opportunité* du procès. Cette question d'opportunité est multiple et ne doit point être légèrement résolue.

(1) C'est ainsi que les choses se passent d'ordinaire; mais il arrive aussi quelquefois que le ministère public tient à exercer la poursuite, et, dans ce cas, le journal averti peut encore être frappé des peines prononcées par la loi.

L'intérêt public exige-t-il que le gouvernement signale et réprime les moindres écarts de la presse? — N'y aurait-il pas avantage à laisser oublier les dispositions les plus rigoureuses de ce décret-loi du 17 février qui n'a été soumis au vote d'aucune assemblée élective (1)? — Est-il nécessaire de rappeler, toutes les fois que l'occasion s'en présente, que ce décret reconnaît des délits *de bonne foi*, et qu'il punit la fausse nouvelle, même lorsqu'elle est le résultat de l'erreur la plus innocente (2)? — Est-il opportun enfin d'user de pareilles dispositions jusqu'à faire condamner dans une seule semaine deux journaux de Paris qui se sont trompés de la meilleure foi du monde, et qui, grâce aux rectifications officielles, n'ont eu le temps de tromper ni d'inquiéter personne? Ces différents points doivent être soigneusement examinés avant que l'huissier apporte au bureau d'un journal une citation en police correctionnelle. Nous ne prétendons pas trancher de prime abord la question de l'opportunité des poursuites en matière de presse, mais nous pensons qu'il est toujours sage d'apporter une grande réserve dans le maniement de ces lois qui rappellent en pleine paix les souvenirs de la dictature.

Si toutefois la constatation officielle et la répression des délits de presse semblent nécessaires pour le bon ordre de l'État, nous maintenons qu'elles doivent être l'œuvre de l'autorité judiciaire et non celle du pouvoir exécutif.

Telles sont les observations que nous a suggérées, au point de vue juridique, l'exercice du droit d'avertissement par l'administration. Nous croyons avoir établi que le recours au conseil d'État

---

(1) Ce décret a été rendu, comme on sait, pendant la période dictatoriale de la Présidence.

(2) Decret du 17 février 1852, art. 15, § 1.

contre ces décisions est légalement recevable, et que plusieurs fois il aurait pu être efficacement exercé. Les écrivains à qui est confiée la tâche difficile de défendre les droits de la presse indépendante, doivent au public, autant qu'ils se doivent à eux-mêmes, de ne point négliger de semblables recours, et d'opposer aux abus du pouvoir discrétionnaire toutes les résistances que la loi autorise. Cet esprit de résolution n'a point manqué au *Courrier du dimanche* et à la *Gazette de France:* qu'il s'accuse aussi nettement dans la presse départementale; les sympathies du public ne feront point défaut au plus humble champion de la libre pensée. Que les journalistes se pénètrent bien de leur droit, qu'ils l'exercent dans toute sa rigueur, et s'ils n'avancent point ainsi de quelques heures l'avénement d'une loi moins sévère, ils auront du moins ranimé cet esprit de légalité dont il est temps d'arrêter l'affligeante décadence.

Paris. — Imprimé par E. Thunot et Cᵉ, 26, rue Racine.

www.ingramcontent.com/pod-product-compliance
Ingram Content Group UK Ltd.
Pitfield, Milton Keynes, MK11 3LW, UK
UKHW020441220726
13923UKWH00005B/2252